AF363604

ALLOCUTION

PRONONCÉE AU

REPAS DE LA DISTRIBUTION DES PRIX

DU PETIT SÉMINAIRE DE NOZEROY (Jura)

Le 6 Août 1890

EN L'HONNEUR DE SON ÉMINENT ET VIEUX MAITRE

M. l'Abbé J. CORNU

Par G. FRILLEY

MÉDECIN PRINCIPAL D'ARMÉE, DIRECTEUR DU SERVICE DE SANTÉ DU XVIᵉ CORPS,

COMMANDEUR DE LA LÉGION D'HONNEUR

MONTPELLIER

TYPOGRAPHIE ET LITHOGRAPHIE CHARLES BOEHM

10, rue d'Alger, 10

—

1890

ALLOCUTION

REPAS DE LA DISTRIBUTION DES PRIX

DU PETIT SÉMINAIRE DE NOZEROY (Jura)

MONSEIGNEUR, MESSIEURS,

Étranger pour le plus grand nombre d'entre vous, vous me demanderez peut-être pourquoi je suis venu des bords de la Méditerranée jusque dans vos montagnes, pour prendre aussi ma part de la joie qui règne ici, et m'associer à cette fête de famille. Puisque Sa Grandeur veut bien m'autoriser à prendre devant Elle pour un instant la parole, qu'il me soit permis de profiter de l'honneur qu'Elle me fait, pour donner cours, en rappelant un passé qui m'est toujours cher, aux sentiments que réveillent en moi, la vue de cette maison hospitalière, l'air de ce beau pays, la présence de maîtres et d'amis d'un temps déjà bien éloigné de nous.

Il y a près de quarante-neuf ans, autant dire un demi-siècle, que, tout enfant encore, je gravissais pour la première fois le sentier qui, du pont de la Serpentine, conduisait alors jusqu'à la porte du Petit Séminaire, tandis que la voiture portant mon modeste bagage suivait, avec ma mère et ma sœur, qui m'accompagnaient dans ce premier exil, les détours de la route par laquelle j'arrivais moi-même hier, le cœur joyeux et le bâton du touriste à la main.

Bien modeste alors était cette maison dont les murs s'élèvent aujourd'hui, hardis et solides, à l'entrée de la vieille forteresse des sires de Châlons, où retentit encore le cliquetis des lances du dernier tournoi de la chevalerie. Simple était la demeure, simple et frugale aussi était la vie que l'on y menait. Mais de cette existence, de ces habitudes un peu spartiates, j'ai pour ma part toute ma vie conservé le goût de la sobriété, le mépris des vaines recherches de ce confortable à la poursuite duquel jeunes et vieux s'acharnent aujourd'hui. Les plaisirs étaient rares, ou plutôt on les ignorait. Le rêve de l'année, c'était la grande promenade terminée par un repas champêtre, au bord de l'un des lacs ou dans quelque site pittoresque de ces montagnes. L'hiver, on cheminait souvent de longues heures à travers les neiges amoncelées par la tourmente de la nuit; l'été, c'étaient les courses à la forêt tout embaumée du parfum balsamique des sapins séculaires, sous lesquels on cueillait à pleines mains les fraises, les myrtils et les framboises; c'étaient les promenades aux ruines de Château-Villain, où l'on retrouvait tous les souvenirs du moyen âge; la baignade au bourg de Sirod, ou bien la pêche à la truite et aux écrevisses sous les rochers de l'Ain ou le long des méandres capricieux de la Serpentine.

On acquérait à ces virils exercices une santé robuste,

des muscles de fer et des jarrets d'acier. Et comme ici, à cette époque, on bâtissait, on bâtissait toujours, souvent les récréations étaient occupées par une autre gymnastique non moins salutaire. D'autres que moi sans doute se rappelleront le temps où, chaque soir, une longue chaîne de jeunes mains se formait, depuis les ruines du vieux château, aujourd'hui restaurées, jusqu'à la grande citerne en construction. C'était à nous de transporter les cailloux et les moellons qui devaient le lendemain servir au travail des maçons, de telle sorte que, comme les compagnons de Néhémie, nous apportions aussi chacun notre pierre à l'édification de cette petite Jérusalem. Je me souviens encore qu'un matin, matinée bien funeste ! notre excellent supérieur s'éveillait en face des ruines de la grande citerne écroulée pendant la nuit. Mais il eût fallu bien d'autres traverses pour ébranler sa constance, et bientôt les pierres de taille ébréchées dans le cataclysme se réparaient sous le ciseau et remontaient à nouveau les unes sur les autres ; le grand réservoir s'achevait, et depuis il est, je crois, resté debout.

A ce que j'exhume de mes lointains souvenirs, on voit que la vie s'écoulait ici bien calme, bien faite pour absorber dans l'étude et la méditation des belles œuvres de l'antiquité, toutes les facultés de l'esprit. Mais comment cette existence dont fort peu de jeunes gens se contenteraient aujourd'hui suffisait-elle à nos désirs, à ce besoin du nouveau si vif au premier âge ? Il m'est bien facile de vous le dire.

Quand je franchissais, il y a si longtemps, comme je vous le disais tout à l'heure, le seuil de cet asile, j'étais

reçu par un homme à la figure aussi bonne que véné-
rable, au sourire empreint de cordialité : j'ai nommé
celui que nous appelions alors le père Balland, car aucun
titre n'eût mieux exprimé la douceur et la mansuétude
de sa facile et condescendante autorité. A côté de lui
était un prêtre, jeune alors, aux traits plus austères et
plus ascétiques, au regard vif, profond, s'illuminant
d'éclairs, mais à l'accueil si franc, si empressé, que le
cœur de l'enfant s'ouvrait immédiatement à lui, par cette
magnétique attraction qui unit les êtres à qui de com-
munes aspirations serviront de lien d'amitié pour toute
la vie.

Le premier de ces maîtres vous a quittés depuis longtemps ; le second, à qui j'allais alors devoir mon initia-
tion aux règles du rudiment, je le retrouve ici toujours
lui-même, aussi jeune qu'alors de cette gaieté communi-
cative dont il puisait les trésors dans son cœur chaleu-
reux, toujours prêt à donner un conseil, un encourage-
ment, une consolation. Lui qui, par la tournure si litté-
raire de ses goûts, de ses aptitudes, eût pu briller dans
un enseignement supérieur, il se condamnait volontaire-
ment à jeter dans des intelligences enfantines les premières
semences d'une instruction élémentaire. Mais il le faisait
avec un tel talent que les petites choses grandissaient et
s'illuminaient à l'éclat de sa brillante imagination, à sa
façon de voir et d'interpréter les idées et les faits, de
telle sorte que cette classe si modeste de neuvième prenait
parfois des allures presque académiques.

Mais c'était surtout par son talent de narrateur qu'il
attachait et passionnait ce petit monde et qu'il était bien
l'âme de la maison. D'un tout petit tableau il savait faire

une toile magistrale, du plus petit incident pris dans ses souvenirs de voyage, une véritable épopée. Aussi, que de fois, soit en classe, soit pendant les récréations, où le cercle se formait autour de lui, ne sommes-nous point restés suspendus à cette parole imagée et sympathique, tour à tour gaie ou sérieuse ; car c'était un vrai peintre de la diction, trouvant ses tons et ses couleurs sur quelque palette merveilleuse.

Pour moi, je l'entends encore nous dictant, à la veille des vacances, des strophes propres à nous orner l'esprit et la mémoire, et dont nous faisions un petit recueil. Vous les empruntiez, cher maître, aux poètes de l'époque, hélas ! bien démodés aujourd'hui : Lamartine, Turquéty, Guiraud, Soumet, Mme Desbordes-Valmore. Mais parfois les cordes de votre propre lyre vibraient aussi pour nous, et ma mémoire a conservé des vers que l'enthousiasme religieux vous dictait au retour des solitudes d'Einsidlen :

> Einsidlen ! Einsidlen ! une douce espérance
> Berce mon cœur rempli de ton cher souvenir ;
> Einsidlen ! Einsidlen ! à toi, du sol de France,
> Tu me verras un jour pèlerin revenir.

C'est que la poésie allait bien à votre âme ardente, à votre pittoresque et vive imagination, à votre sens artistique. Vous portiez dans les lettres ce goût raffiné qui fait comprendre et admirer les œuvres délicates inappréciées du vulgaire. Aussi votre vie entière a été consacrée au culte du beau, à l'amour du bien, à la recherche du vrai. A votre contact, on se sentait envahi par cette triple manifestation de ce que nous avons en nous de plus surnaturel. Si j'ai moi-même conservé toute ma vie ce

culte des beautés merveilleuses de la littérature ancienne,
cette passion des choses de l'esprit, c'est à vous que j'en
suis redevable ; c'est aux semences que vous jetiez dans
l'âme de ceux qui vous écoutaient et qui, incapables alors
de leur offrir un terrain où elles pussent de suite germer
et grandir, les ont religieusement conservées dans une
incubation fertile, jusqu'au jour de leur épanouissement.

Nombreux sont ceux qui, comme moi, ont conservé le
souvenir de vos leçons, de votre enseignement, où le
pédagogisme était remplacé par une sorte d'instillation
de la pensée du maître dans l'esprit de l'élève, par la
fusion des sentiments de l'un et de l'autre. Aussi, quand,
il y a sept ans, s'offrait à vos anciens disciples, devenus
vos amis, l'occasion de s'unir dans une émouvante manifestation, avec quelle ardente unanimité toutes les
mains s'ouvrirent, pour consacrer, par une magnifique
et filiale offrande, la date cinquantenaire de votre enseignement et de votre sacerdoce.

O maître vénéré des jours de la jeunesse, noble ami
des jours de l'âge mûr, souvenir encore vivant des joies
que notre enfance trouvait au charme de vos leçons et
de vos entretiens, puis-je dire combien il m'est doux de
vous retrouver ici, vainqueur des tourmentes de la vie
qui ne vous a pas épargné, et aux attaques de laquelle
vous avez toujours pu répondre par la stoïque exclama-
tion du sage, inébranlable dans sa constance :

> Si fractus illabatur orbis,
> Impavidum ferient ruinæ.

Trop de souvenirs vous attachaient à cette maison, trop
d'amis y avaient serré votre main, y avaient reçu votre

accueil ; trop de générations y avaient successivement puisé vos conseils et vos leçons, pour que les pierres elles-mêmes de l'édifice, habituées à vous voir, n'eussent pas emprunté une voix à la nature pour réclamer votre présence. Aussi vous vous êtes dit un jour : C'est là que désormais je veux vivre, et c'est là que je veux mourir. C'est là aussi que j'ai été assez heureux pour vous revoir de temps en temps, dans les trop rares circonstances où il m'a été permis de revenir respirer l'air de ces montagnes et admirer une fois de plus ces sites tour à tour riants ou grandioses, dont tous les détails sont peints dans ma mémoire.

Pour vous, au milieu du calme de cette imposante nature, dont la grandeur répond à l'élévation de votre âme, quelles ne doivent pas être les pures jouissances que vous ressentez à terminer votre existence aux lieux mêmes où s'est exercé votre dévouement ; retrouvant partout la trace de vos œuvres, revoyant dans vos souvenirs ce Petit Séminaire, d'abord pauvre et bien modeste, grandir d'année en année, pour devenir enfin ce qu'il est aujourd'hui avec ses murailles presque monumentales, et, comparant le passé avec le présent, heureux à la fois et par l'un et par l'autre, ne devez-vous pas chaque jour vous écrier avec Martial : «Ah ! c'est vivre deux fois que de pouvoir jouir de la vie déjà passée :

Hoc est

Vivere bis, vitâ posse priore frui.

Aussi les années passent sur vous sans presque vous laisser leur trace, car vous avez cette vertu de vouloir pour vos amis conserver cette jeunesse du cœur qu'ils

vous ont connue et qui vous a fait chérir d'eux. Gardez-la
donc longtemps encore pour le bonheur de ceux au milieu
desquels s'écoule la fin d'une existence qui nous est pré-
cieuse et qui fut si bien remplie, et, constamment en
face de ce passé que tout ici vous rappelle et qui vous fait
mieux jouir du présent, redites-vous, comme Montaigne :

«Les ans m'entraînent s'ils veulent, mais à reculons :
autant que mes yeulx peuvent recognoistre cette belle
saison expirée, je les y destourne à secousse ; si elle
eschappe de mon sang et de mes veines, au moins n'en
veulx je desraciner l'image de ma mémoire.»